JN410976

석양 무렵

서문

시에 있어서
그 주제는 다양한 것이겠지만
중요한 요소 중의 하나는
삶의 의미와 그 본질을 추구하고
표현하는 것이리라
인생의 과정에서
세세하게 관찰하고 의미를 되짚으며
필요한 요소를 드러내어야 한다
그동안 소홀히 했던
지난날을 반성하며
예리한 시각으로 생활 속의 일면을
발견하고 스케치하여 표현하리라

차례

제2부 석양 무렵

제3부 그대에게 가는 길

제1부

명작을 위하여

만족하지 말라

만족하지 말라
내일이면 부서지기 쉬운
작은 업적에 만족하지 말라

만족하지 말라
아주 먼 미래에
희미하게 잊혀져 갈
그대의 작은 작품에
만족하지 말라

허공은 깊고
하늘은 높아

오늘의 노력
그 결과에 만족하지 말고
이상을 높게 가지고
높은 곳을 향해
끝없이 나아가라

명작을 위하여

당신의 작품에 명작이 없다고
서러워 말라
끊임없는
일생 동안의 작품 중에 단 하나의 명작이
없는 사람도 수없이 많다
마음속 울림을 불러일으키며
때로는 불시의 체험에 의하여
그 기회가 다가온다

명작을 위해서는 어떤 면에서든지
기본 바탕이 되는 실력이 뒷받침되어야 한다
명작을 만들 기회가 있다는 희망이 아름답다
끊임없이 공부하고 탐색하고 접목하고 발견하고 구상하라

언젠가는 최고의 명작을 끌어안고
뜨거운 눈물을 흘리리라

명작을 탄생시킬 수 있다면
그에 따른 희생은 그만한 가치가 있다
어둠 속의 올빼미처럼 눈을 부릅뜨고 소재를 찾으리라
캄캄한 밤의 횃불 같은 명작을 탄생시키고 싶다
오늘도 명작을 꿈꾸는 노선은 계속된다
신의 경지를 터득하고 닮아가라

인간사의 의미와 속성
그 느낌을 표현하기 위하여
가슴을 열고
아름답고 찬연한 모습으로 펼쳐가라
자신을 드러내라

느리게 걸어온 길

문학인으로서 나의 지나온 날을 돌아보면
부끄러울 만치 느리게 왔네요

천천히 걸어가듯이
적당히 느리게
때로는 현실의 벽에 부딪혀
오랜 세월 절필하다가
새로운 계기를 맞아
글을 쓰게 되어
오늘에 이르렀네요

주변의 많은 사람이
오로지 작품 수 늘리기에만 힘쓰는 것을 보면서도
서두르지 않았어요

느리다는 것은
무언가를 발견하기 좋은 속도예요
느리다는 것은
무인가를 사색하고
사상을 응축하기 좋은 속도예요

느리다는 것은
좋은 시를 쓰기 좋은 구도의 속도예요

남은 나날들도
천천히 흘러가는 구름처럼
세월을 타고 가며
쉬지 않고 끈질기게
창작의 꽃을 피우리라

뜨거운 마음의 행로

하늘에는 별
현세에는 추구

가슴에는 꿈
내딛는 발걸음은
뜨거운 마음의 행로

꿈을 향해 나아가는
뜨거운 행보는
그 자체만으로도
가슴 벅찬 가치 있는 행위이다

육필시

설사 사후에 내가 유명해진다 하더라도
죽어서 그것을 알 길이 없을 것이다

이러한 이유로
어설픈 허무주의 때문에
나의 육필시를
남기지 않았다

어둠의 세계에서 빛의 세계로

문학으로 이룬 나의 위상에 비해
나를 알지 못하는 사람들이
너무나 많다

이러한 이유로 다짐해본다
어둠의 세계에서 빛의 세계로
나아가리라

문학에 대해서는
일반 대중들이 잘 알지 못하는 관계로
나의 위상이
너무나 유동적이다

이러한 이유로 다짐해본다
어둠의 세계에서 빛의 세계로
나아가리라

식민시대를 살아가는
흑인에 비견되는 나이기에
이 초라한 현실을 벗어나고 싶다

어둠의 세계에서 빛의 세계로
나아가리라

명예의 전당에의 도전

나의 삶의 과정이
어두운 가운데
단 한 번의 빛도 없이
외롭게 흘러와

나를 비추고 돋보이게 할
무언가가 필요하다

단 한 번의 문학상도
언론의 조명도 없어
너무나 가변적인
나의 정체성에 대하여
나를 대변할 무언가가 필요하다

그러한 이유로
명예의 전당에의 도전을
선포한다

나에게 영향을 준 것

젊은 시절
도서관과 만화방과 뒷동산
아무 곳에서나 허겁지겁 읽었던
수많은 책들

아픈 가족사와 더불어
무겁게 느껴진 삶의 무게 견디지 못해
오랜 방황의 길

오랜 세월의 사색이 응결된
영혼이 반영된 작품의 토대가 된 기간

그것이
대단한 것은 아니더라도
오늘의 나를 있게 한
소중한 체험이었다

책

인생을 살아가는 데 있어서
거의 모든 요소들이
책 속에 녹아있다

자신에게 한 맺힌 이야기가
얼마나 다양한 방식으로 책으로 엮어졌는가

누구나의 사랑 이야기는
자신만의 사연을 꽃처럼 펼쳐 놓는다

자신의 주장을 펼치기 위해
또는 업적을 자랑하기 위해
끝없이 미사여구를 펼치는 인간들이 있다

이러한 틈바구니에서
나 자신도 많은 책을 읽으며
내 책을 쓰기 위해 노력하는
열정의 작가이다

나의 야망

역사에서 살펴보면
자신의 야망을 위해
그야말로 서슴없는 괴물이 되어
가장 가까운 혈육도 죽이는
인간을 보았다

국가를 위해
자신의 목숨을 버린
많은 사람들이 있고

자신의 의로운 지향을 소망하고
실현하기 위해
전 재산을 바치고도 모자라
일생을 다 바치고 굶주려 죽어가는
대단한 사람도 보았다

그에 비하면
나의 야망은
대단하고도 소박한 것이다

나의 그림자

그림자는
빛의 위치에 따라서
모습을 달리한다

그림자는
본체의 움직임에 따라
다양하게 변화하지만
가장 섬세하게 표현되는
나의 그림자는
나의 시다

그림자는
변형되기도 하고
굴절하기도 하지만

나의 그림자
나의 시는
강렬한 마음의 표현으로
화산처럼 분출된 것은
상황의 변화에 따라서도
변함이 없었을 것이다

혼재

나의 인생은
상반된 바람이
혼재된 인생이다

사색을 좋아하면서도
때때로 도달하는 사색의 정점
그 고통스런 극치에서 벗어나기를
바라왔다

일반적인 성공을 꿈꾸었으나
또한 문학적인 성취를 열망했다

자살을 지향하는 심리적인 충동을 가지면서도
때때로 건강을 위해
열심히 운동을 하였다

이처럼 이중적인 요소를
벗어날 수 없는 것이
나의 인생이다

제2부

석양 무렵

노래가 있다

내 책의 구절마다
한 맺힌 마음이 서려 있다

참지 못하고 기어코 터져 나온
노래가 있다

인생의 굴곡이 오롯이 담긴
노래가 있다

때로는 어렵고 힘든 시절을 만나
시를 쓰지 못하고
비틀거리며 살아온 것이
안타깝기도 하지만

이미 석양 무렵에 이르러
그래도 가야 할
먼 길이 있기에
아직도 불러야 할
많은 노래가 있다

석양 무렵

지울 수 없는
마음의 깊은 상처가 새겨진 채
어디에도 뿌리내리지 못하고
혼돈의 젊음을 이어왔다

인간의 보편적 삶의 양상인
사랑 하나 결실 맺지 못하고
중년을 지나가면서
타인들이 열심히 살아가며
행복을 추구하는 모습을
구경만 하며 지나온 날들

인생에 있어서
확실한 스탠스를 취하지 못하고
엉거주춤하게 세월만을 흘려보낸
상실의 시대를 지나
벌써 석양 무렵에 도달했네요

하루가 저무는 서녘 하늘의 노을
황홀하게 타는 빛깔
멀어져가는 밝음이지만
붉은빛이 퍼져 하늘에 자욱하다

너무나 아름다운 석양이다

자화상

그만한 업보와 과정을 거쳐
태어나고 자라난
자라 같은 이 몸

기약도 없이
무언가 의미를 찾아
떠가는 이 마음
형체도 말하기 어려운
알 수 없는 회색빛 저 구름을 닮았구나

흘러가는 과정은 느리고
자연스럽게 동반하는 무의미한 시간도 많은데
인생의 아름다움을 제대로 알기도 전에
늙어가는구나

갈망과 주시의 뜨거운 시선으로 인해
이 몸 어딘가에 점점이 박혀
흔적이 남아 있을 텐데

생의 실천보다 몽환 속의 나날들이
엉겨 붙은 엿처럼 녹아
더딘 궁리의 늪에 마음이 기울어져
모호한 가운데 헤매인다

가을이 좋다

약동의 계절보다
후반으로 기울어져 가는 계절
가을이 좋다

푸른 나뭇잎들이
붉게 물들면
단풍명소를 찾아가는 계절
가을이 좋다

나뭇잎들이
낙엽 되어 거리에 떨어지면
황량한 느낌의 계절
가을이 좋다

스산한 바람에
옷깃을 여미게 하는 계절
가을이 좋다

인생의 욕망들을 내려놓고
황혼으로 점점 다가가는
계절의 길목
가을이 좋다

나의 노래

나의 마음과 행동이
움직인 여러 곳에서
노래가 만들어져 불리어진다

내가 사랑한
그대들의 노래가
적절한 가수가 선택되어
애절하게 불리어지고
일상생활 공간에서
자주 가는 콜라텍에서
나의 노래가 흘러나온다

이 얼마나 아름답고
행복한 일이란 말인가

오늘도 그대들의 마음을
살피기 위해서
텔레비전 음악 프로그램을 시청하며
기획되고 연출된
그 마음을 살핀다

구룡산 산행

전철 노선도에 매봉역이 있어
매봉으로 가는
등산로가 있는 줄 알고
간편하게 준비하여 출발했어요

매봉역에 도착하니
산다운 산은 없고
시끄럽기만 해요

저 멀리 그럴듯한 산이 있어
걸어서 다가갔더니
구룡산이라네요

가을 산행으로 정상에 오르니
서울 전경이 한눈에 들어오네요

예기치 않은 오늘의 구룡산 산행처럼
사랑도 인생도
인접한 곳으로
때로는 예기치 않은 곳으로
움직여서 흘러갑니다

파산선고

절뚝이면서 살아온 과거
하루하루를 임시방편으로
외나무다리를 건너듯이
연명해 왔는데
막다른 길에 집어든 것 같네요

그동안 나를 옥죄던
부채의 무게와 압박에
시달려왔는데

이제야
지난날의 흔적과
부채의 변동과정을
서류로서 평가받아
파산선고를 받게 되었어요

변화

이게 아닌데 하고
잘못된 길을 가고 있다고 느끼는가

그대가 가고 있는
어떤 길이라도
변화하여
수정할 가능성이 있는 것이다

애매한 느낌을 갖는 것을
마음속에 녹여서
생각을 거듭하라

다양한 것들을 생각하고
마음으로 느끼고
방향성을 생각하라

그리하여 새로운 길로
모습을 바꾸고 거듭나라

불행의 씨앗

내 불행의 씨앗은
어린 시절
평생 결혼하지 않겠다는 독백과
그 공언에서부터 시작되었다

불행하고 처절한 가족사
그 분쟁을 지켜보면서
예민하고 감성적인 장남으로서
큰 상처를 입고
많은 것을 느꼈다

성장하면서 그 생각은
점점 합리화 과정을 겪으면서
견고하게 구축되어
자신도 모르게 변종이 되어갔다
그것은 인간의 본능인
사랑과 가정과 행복을
저버리는 행위에 대한
자신의 파괴 본능으로 이어져
시달려왔다

고산 등반의 꿈

한때 고산 등반을
꿈꾸었던 시절이 있었다

산에 미쳐
청춘을 불태웠던 시절
고산 등반을 꿈꾸었다

위험한 꿈인 줄 알면서도
남몰래 고산을 동경하고
등정의 꿈을
마음속에 간직했다

특별한 계기가 있어
산행을 멀리하게 되었지만
지금도 고산 등반에 관한
텔레비전 프로를 보면
가슴 설레며 지난날의 꿈을
일깨운다

장애인 최초로
히말라야 14좌를 등정하고
하산길에 산에 묻힌
고 김홍빈 씨를 추모하며
이 시를 그에게 바친다

하늘과 땅

늦더위로 발악을 하던
여름이 가고
또 한 번
가을의 문턱에 닿다

애써 쳐다보지 않으려고 해도
가만히 창가에 누우면
눈을 찌를 듯이 높고 푸르른 하늘이
저기에 있건만
여전히 이 땅에는
이해하기도 힘든 악다구니가 있고

그곳에는
형태도 다양한 구름들이
만났다가 흩어지고
알 수 없는 곳으로 흘러가지만
여전히 이 땅에는
고독하고 힘들게 살아가는 사람들이
너무나 많습니다

입장이 상반되는
이기심의 표출로
잘 보이지도 않고 협상되기도 어려운
인간들의 횡포도 문제지만

수많은 남녀가
외롭게 살아가는 가운데
서로를 찾아 헤매지만

맺어지지 못하고 굴러다니는 것을
하늘의 이치와 섭리로서
그들에게
세상을 보는 눈과 지혜를 열게 해
감응의 길로 인도할 수 있다면 좋으련만

무성의한 행동

마음은 다른 데 있어
겨우 필요한 일을 수행하는 팔은
때때로 음료수를 엎지르기 일쑤이고
시시콜콜한 물음에 대한 답변은
때때로 건성으로 대답하고

내 삶의 모든 과정에
보이지 않는 가운데
집중되어 있는
그 무엇이 있다
나침판처럼 움직이고
나를 썩지 않게 한다

무겁게 살고 싶은 욕심 때문에
오히려 가볍게 흘려버린 수없는 나날들
내 이상은
너무나 무겁고
무엇이든지 쉽게 이룰 수 없는
완벽주의자

그러나
그 치기 어린 행동은
너무나 가볍다

아프다

어지럽고 흥분상태에 이른다

어제는 시야가 흐려지고 도시의 밤 불빛이 휘황찬란하게
섞이고 번져가더니 오늘은 또 아프다
심장이 두근거리고 근육이 경직되고 열이 난다

눈도 충혈되고 정신도 충혈되고 신체와 신경도 충혈되고
경련이 일어난다
자살 충동에 시달리고
끔찍하게 죽는 상상을 하다가
소스라치게 놀란다

우울 상태의 악화
알코올중독자처럼 내면 중독에 빠졌다
이상한 영적인 터널의 미로에 빠져들지 않기 위해 매일 약
을 먹는다
정신적인 몽환에 빠져 앓다가 회복하다
반복하다가 어느 순간에 정신이 헝클어졌다
잠을 잘 자는 것은 나의 가장 절실한 바람이다

치명적인 정신상태인 고독을 피하려고 잠깐이나마 통화할 곳을 찾아 헤맨
내 병을 이기고 오랜 생존을 위해서는 내면생활을 끊어야 한다는 것이 안타깝다

가끔씩 체온조절이 잘 안 되어 날씨와 무관하게 춥거나 열이 난다

노래의 여왕

노래의 여왕이
나를 찾아왔다
겨울이 깊어가는 어느 날
새로 개업한 콜라텍에
친구가 이끌어 갔더니
노래의 여왕이
이곳을 찾아 왔네요

내가 즐겨 가는 콜라텍에
노래의 여왕이
새롭게 개척하여
친구들과 함께 공연을 왔네요

직감적으로 느낄 수 있는 것은
당신이 나를 찾아왔다는 걸
어느 정도 알고 있지만
내 마음속에 다른 여인이
자리를 잡고 있어서
다가서지 못했어요

뒤늦은 감이 있지만
당신에게 사랑을 보냅니다

직지사의 단풍

언제였던가
황악산을 넘어 직지사에 도착했을 때
그 정경 그 단풍을 잊을 수 없다

많은 단풍명소를 찾아갔지만
붉게 타오르는 아름다움의 극치
직지사의 단풍을 잊을 수 없다

우리들에게는
직지사의 단풍처럼
자신만이 간직한 아름답고 소중한
한때가 자리 잡고 있다

누구에게나 추억이 있는 것이다

낙성대

가을이 깊어가는 계절에
낙성대에 왔다
이곳에 온 지 삼십여 년 만에
낙성대에 왔다

상경하여 회사 입사 동기들과
조촐한 모임을 이곳에서 했는데
삼십여 년 만에 초로의 나이가 되어
다시 찾아왔다

기억조차 희미하지만
그때는 작은 사당 하나가 있었다는
생각밖에 없는데
주변이 많이 변했다

공원 주변 경관도 아름답고
강감찬 장군의 동상은
기개가 넘친다

오래된 과거이다

불행했던 가족사에 치를 떨며
평생 결혼하지 않겠다고 공언했던 일도
오래된 과거이다

자신도 모르게
자살 충동을 불러일으키며
심각하게 영향을 받았던 것도
오래된 과거이다

해서는 안 될
불행한 상상들을 하며
도리질을 하던 것도
오래된 과거이다

책 속에 점점이 박힌
부정적인 인생의 언어에
영향을 받은 것도
오래된 과거이다

많은 세월이 흘러간 지금
이 모든 것으로부터 벗어나
자유롭게 살고 싶다

공감

깊은 지하방에 세 들어
살아보지 않은 사람은
세상에는 반지하밖에 없는 줄
알고 있답니다

건강검진을 하지 않아서
암에 걸려 죽는 사람을 보면
그 심리상태를 알지 못합니다

무신론자들은
광신자의 일탈 행위를
잘 이해하지 못합니다

사람들은 어떤 일을 체험함으로써
다른 사람들을 이해할 수 있는
계기가 되기도 하지만
모든 것을 체험으로 공감할 수는 없습니다

잘 알지 못하는 것을
헤아려 짐작할 수 있는 경지
그것이 현인의 덕목입니다

문우에게

역사적으로 볼 때
문인 간의 교우 관계는 빈번하지요

당신이 정치를 한답시고
거드름을 피우며
무명시인들과 교류하면서
나를 무시하는 듯한 표현으로 하대하는 것은
본인의 열등감 때문이리라

열등감이 있어도
교류를 한 사례도 있지만

그렇지 못한 것은
소인배다운 성향 탓이겠지요

당신도 알겠지만
상대에 대한 태도도 그렇고
작품에 대한 태도도 그렇고
무시한다고 해서
자신의 위상이 올라가지 않는답니다

상처와 치유

내 인생의 많은 부분은
젊은 시절 정신적인 상처로 인하여
현실적인 꿈을 잃어버리고 방황하며
치유의 길을 모색하며
걸어왔다

상처는
그 자체만으로도 문제가 되는
아픔이지만
자신의 길에 있어서
다양한 방면에 영향을 주고
장애를 유발한다

상처는
스스로의 노력으로
어느 정도까지는 회복하고
벗어날 수 있게 된다

상처는
오랫동안 들여다보고
다양한 길을 상정하여
변화를 시도하고
치유의 길로
나아가야 한다

몽촌토성

언젠가 이곳에 오는 길에
차가운 바람 때문에
돌아갔던 적이 있었다

날이 풀린 오늘
또다시 찾아왔다

천 년 전에 축성된 몽촌토성
능선을 따라가는 길은
구름을 타고 가듯이
오르내리며 변화가 많다

롯데타워가 내려다보고 있는
이 길을 걷는 과정은
내 인생을 닮았다

아름다운 소나무 숲과
길가의 갈대와 작은 대나무들이
정겹게 맞이한다

몽촌토성의 길도 그렇듯이
일반적으로 멀리 가는 좋은 길은
곁가지로 가는 길이 아니라
곧은 길로 계속 가는 곳이다

갇히다

나는 물건을 잘 잃어버려서
우산을 잘 가지고 다니지 않는다

날씨가 안 좋은데 우산도 없이
뒷동산에 산책을 갔다

작은 산을 오르려는데
비가 쏟아져서
정자에 대피했다

오랜 시간 동안 비가 와서
정자에 갇혔다
휴대폰으로 음악을 들으며
내 인생을 생각했다

내 인생도 오늘처럼
무언가에 갇혀 사는 게 대부분이다

겨울 나그네

이 겨울
눈발이 흩날리는 작은 산봉우리에
서 있다

한평생 대부분을 홀로 지내와
혼자가 더 익숙하지만
외롭다는 마음만은
떨쳐버릴 수 없다

여름은 힘들어하지 않지만
겨울은 조금 버거워하며
빨리 가기만을 바란다

오랜 세월 동안
어려운 가운데 살아온
나는 겨울 나그네

진정한 봄이
언제 올지 모르지만
옷깃을 여미며 발길을 내딛는
겨울 나그네

입원 중인 그대에게

그대가 정치적인 격랑에 휩싸여
수년간에 걸쳐 구속된 채로
어려움에 처했네요

구속상태로 병환까지 겹쳐
입원했다는 소식을 듣고
마음이 무척 아팠습니다

그대를 성원하는 당에 입당하여
사계절에 걸쳐서
종로에서
광화문에서
거리에서
구치소 앞에서
그대의 석방을 위해
탄원을 하며
구호를 외치고
행진을 하며
시위를 했습니다

청소년기에서부터
우러러보는 대상이면서
마음속의 연인이었던 그대에게
빠른 쾌유와 함께
석방되기를 기원합니다

인생

삶을 축복으로 생각하지 않던 때가 있었고
한때는 혈흔 한 점 남기지 않고
바람 부는 차가운 거리에서
고통스럽게 죽어가기를 바라왔지만

육십이 다가오는 지금
인생의 이름다움과 고통을 느끼고
영속성을 체험할 후손을 잇고 싶다

오감을 느끼는 인간으로서의
원초적인 근원을 추구하고 싶다

이 모든 것이
바람과 먼지와 구름으로 뒤엉켜
원점으로 돌아간다고 해도 좋다

제3부

그대에게 가는 길

그대에게로 가는 길

그대에게로 가는 길은
수없이 돌아가는 계곡물의 물길처럼
수많은 우여곡절을 지나
바다에 다다른 삶의 흔적이다

그대에게로 가는 길은
상처를 치유하고
매듭이 진 것을 풀어가는
치유의 과정이다

그대에게 가는 길이
너무 늦었을지 모르지만
혼자서는 날지 못하는 전설의 새 비익조처럼
서로가 없으면 성공할 수 없는 상태이기에
하늘의 뜻으로 받아들이겠습니다

미워하지 않게 해주세요

미워하지 않게 해주세요
그대를 더 이상
미워하지 않게 해주세요

나에 대한 그대의 올가미가
일 년이 벌써 지났는데
그 기간이 길어질수록
미움이 커져갑니다

그대가 무엇이 부족해서
나에게 이토록 미움을 받아야만 합니까

돌아가지 않습니다

돌아가지 않습니다
그대가 재벌이라 해도
돌아가지 않습니다

올가미의 기간이
길어진다고 해도
돌아가지 않습니다

그대는
올가미의 기간이 길어지면
상대방과 비슷하거나
유리한 입장이 된다고 생각하겠지만
나의 감정에 원망의 마음이
유리 파편처럼 박혀
회복할 수 없는 길이 되어
결코 돌아가지 않습니다

상대에 대한
피해만 줄 뿐입니다

고마워요

고마워요
정말 고마워요

우리가 서로를 바라보며
다가온 과정에 있어
오랜 세월의
어려운 사연이 있어요

그동안 많은 세월이 흘러
나의 위상이 낮아졌는데

이렇게 늦은 시기에
변함없이 다가와 줘서
정말 고마워요

우리를 둘러싼 사랑의 여정에
결말을 맺게 해줘서
정말 고마워요

돌아서 가는 길

앞으로 곧장 가는 것은
어려운 결정이 아닙니다

가는 길에서 전환하는 것은
그 계기가 있는 경우가
많습니다

그렇지만
다시 돌아서 가는 길은
그리 쉬운 일이 아닙니다

그대에게 다시 돌아가는 길은
어려운 결정이었습니다

반대하는 사람이 많아
어려운 결정이었습니다

첩보적인 사랑

그대에게 다가가는 길은
멀고도 험난합니다

십 년간에 걸친 우리의 관계 속에서
내가 할 수 있는 일은
그리 많지 않습니다

다가가는 방법도
한정되어 있고
그대의 반응은 전혀 없습니다

내가 그대의 마음을 알 수 있는 것은
방송 매체의
연출된 음악 프로그램을 통해서
암호문을 해독하듯이 꿰맞추어
조금 짐작할 뿐입니다

우리와 같은 어려운 만남이
세상에 또 있을까요

사랑의 동업

우리의 사랑은
동업자로서의 관심과 자질이 없으면
이루어지기 어려워요

우리의 동업은
사랑의 느낌과 믿음이 없으면
이루어지기 어려워요

그대와 나의 인연이
오랜 세월
사연의 파노라마를 겪으며
오늘에 이른 것은
이 모든 것이 일치하기 때문이어요

우리 함께
어려운 가운데 각자 표류하여 살아왔는데
인연을 소중하게 여기며
사랑의 동업을 펼쳐갑시다

길상사

겨울 찬 바람을 뚫고
길상사를 찾아왔다

잔설이 남아 있는 경내를 걸으며
생각에 잠겼다
백석 시인과의
남북분단으로 이루지 못한 사랑을 기리며
이곳에 길상사를 건립한
길상화
그녀의 굴곡진 인생사가 배어 있는
이곳에 건립된
길상사가 좋다

이곳처럼 사연이 많은 나의 인생
그녀 마음이 묻힌 이곳에서
늦은 사랑의 결실을 맺고 싶다

그대의 새로운 이름

질기고 긴 우리의 인연
소중한 우리의 인연
위태한 시절을 지나
오늘까지 이어져 왔네요

그대 검은 상처의 낙인
그 과거를 지우고
새로운 인생을 시작할 수 있는
전환점의 상징이 될
새로운 이름을 만들어 줄게요

아팠던 지난 흔적을 지우고
꽃길만 가라고 기원하는
나의 마음을 담아
우리 인연의 상징을 담아
아름답고 의미 있는
좋은 이름을 지어주리라

사랑으로 가는 길

애초에 나는
사랑이 불가능한 사람일지도 모를 만큼
사랑에 대한 관념이 없었다

현실적으로는
객관적인 위상에 가변적인 요소가 있어
정체성의 혼란이 있었다

이러한 이유로
공중에 떠 있는 그대들이 아니었으면
사랑에 대한 상상조차도
하지 못했을 것입니다

수많은 우여곡절을 겪어
필연의 끝맺음으로 가는 그 길
그대에게 가는 길
사랑으로 가는 길

늦은 사랑의 이유

그대와 나의 사랑이
이렇게 늦게 마주 보게 된 이유는
결혼과 자녀의 관념이 뚜렷하지 않았던 관계로
어정쩡한 태도를 취한
나의 잘못이 있습니다
정신적인 장애의 문제도 있어서
영향을 미쳤습니다
그동안 나의 잘못이 있었기에
사업적인 문제에 있어서도
사랑의 문제에 있어서도
그대가 원하는 방향으로
뭐든지 해줄게요
그대만 오세요

상상 속의 옛 연인들

오랜 세월이 지났지만
지난날 나에게 다가오기 위한
많은 여인들의 손짓이 있었다

그녀들의 마음이 전해져서
나의 캐릭터가 담긴
사랑 드라마가 만들어져 방영되었고
황홀한 마음으로 지켜보아
그 마음을 알 수 있었다

일반적으로 연인들은
자유스럽게 만나고 사랑하고
다투기도 하고 헤어지기도 하는데
우리들은 만나는 과정에서부터
많은 어려움이 있어서
그만큼 신중해야 했어요

정신적인 동질감의 결핍으로
현실감의 부족으로
연령 차이로 인하여
인연이 이루어지지 못했지만
다가가지 못한 나의 마음이
오랫동안 후회를 맴돌았다

남은 생애에
혹여라도 만나게 되는 날이 있으면
회색 구름처럼 혼란했던
지난날을 돌아보고
미소 지으며 대화할 수 있기를
기대해 봅니다

세월과 사랑

시간은 미풍처럼 흘러
말없이 지나가고
세월의 길목마다
어려움과 슬픔이 담긴 발자욱

그리고 오랜 세월 펼쳐진
나의 사랑 노래

이어지기 어려운 인연 떠나보내고
거부할 수 없는 운명의 여인을
기어코 만나리라

사랑도 성공도 아직 마지막으로 남은
희망의 나날들이 있다

보이지 않는 사랑의 줄다리기에
한 해가 가고
어느새 겨울
우중충한 회색빛 하늘의 오늘이지만
내일 또 내일이 오면
머지않아 세월의 산봉우리를 넘어
그녀를 만날 수 있는
새로운 한 해로 넘어가리라

올해의 봄

입춘이 지나가도 한파가 계속되는
길고 긴 겨울이지만
세월 앞에 장사 없듯이
꽃피는 봄날은 다가온다

많은 사람이
봄이 오기를 손꼽아 기다리겠지만
겨울에는 씻기도 불편한 환경에 처해 있는
가난한 내 입장에서는
말할 필요가 있겠는가

봄은 오겠지만

지난날
가난하고 마음의 여유 없어
무감각하게 흘려보낸
수많은 봄날이 있었다

봄꽃 구경이라야 동네 도로변에 핀
벚꽃을 지나며 바라보는 정도가
거의 전부였는데
올해의 봄은 다르다

너무 늦었다는 마음도 들지만
일생일대의 귀인이 다가오는
올해의 봄이라
그 어떤 해보다 아름다운 봄이 되리라

편지

오랜 세월 동안 나와 인연을 맺어온 그녀에게
연락을 하기 위해
근무처를 알아내어
접촉을 시도했지만
도저히 불가능해
편지를 썼다

이것을 등기로 보냈는데
아랫부분에 뜯어본 흔적만을 남긴 채
투명 테이프로 붙여
반송되어 왔다

많은 횟수로 등기를 보냈지만
이와 같이 반송하다가
결국 퇴사하였다는 통보가 왔다

퇴사했는지는 알 길이 없지만
우리에게 누가 왜 이러는지는
알 길이 없다

그너에게로 가는 길이
이렇게도 멀고 험하다

올가미

가련한 나의 여인이여

잘못된 나의 처신으로
오랜 세월 동안 어둠 속에서 지내며
두 번씩이나 올가미에 걸려
바둥거리게 되었네요

나의 편지 연락을 차단하고
접촉도 차단하고
상대방에 대한 표현도 차단하여
일방적인 의사 표현을 하기 위해
갖가지 방법을 연구하며
그대의 마음을 짐작하였는데

뜻하지 않은 첩보로
올가미가 풀리는 날을
알게 되었어요

벚꽃이 피는 날
올가미가 풀린다는 것을
짐작하게 되었어요

올가미의 기간이 짧지는 않지만
일 년이 지나고
벚꽃이 피어야 비로소 풀리는
그녀의 올가미
벚꽃이 피어야 비로소 만날 수 있는
우리들의 해후
꽃피는 봄날이 오기만을 기다린다

벚꽃이 피는 것을 기다리고 있습니다

풀리지 않는 인연의 끈을
가슴속에 품은 채
겨울을 보내고 있습니다

운동하러 지나가는 천변의
시멘트 벽면에
이렇게 글씨가 쓰여 있습니다

벚꽃이 피는 것을 기다리고 있습니다

내가 사랑하는 그녀에게
다가가지 못하는 내 마음을 알았는지
계시를 하는 듯한 느낌을 받았습니다

누가 이 글을 썼는지는 알 수 없지만
벚꽃이 피면 그녀와 나의
올가미가 풀어져
만날 수 있기를 기대해 봅니다
벚꽃이 피기만을 기다리고 있습니다

마로니에 공원

서로에게 연락을 취할 수 없는
기구한 운명의 그대와 나

일방적인 의사 표현을 하기 위해
그녀의 집 잎에 수차례에 길치
분재 화분을 보냈어요

분재 화분에 메모지를 매달아
나의 마음을 전했어요

마로니에 공원에서
매월 같은 날 같은 시간에
수없이 그녀를 기다렸어요

언제 그녀가 올지 알 수는 없지만
언젠가는 만날 날이 있으리라고
기대해 봅니다

이렇게 늦은 슬픈 사랑
맺어지기를 기원해봅니다

익산 미륵사지

초여름
비는 내리는데
익산 미륵사지로 왔다

점점 다가가자 비는 그치고
화창한 여름 날씨다

미륵산 아래에
미륵사지도 자리 잡고
서동과 선화공주의 설화가 살아 숨 쉬는
서탑과 동탑이
저만치 거리를 두고
자리 잡고 서 있다

서로 다가가지 못하는
그녀와 나의 현실처럼
서탑과 동탑이
저만치 거리를 두고
자리 잡고 서 있다

인연

처음 그대를 보았을 때
나이가 어려 망설였어요

그대가 아닌 곳을
두 번씩이나 바라보았는데
세월만 흘러가고
관계가 이루어지지 않았어요

어렵고 고립된 시절을 만나
모든 것을 잊었는데
그대도 잊어버리고
아무 곳에나 맺어지길 바랐지만
모두 떠나갔어요

많은 세월이 흘렀지만
여전히 주위에 머무르며
떠나지 않은 사람은
그대뿐이었어요

이성 간에는
상대방의 매력이 있다 하여도
그것에 걸맞은 무언가가 있어야 해요
그대는 그런 능력과 토대를
갖추고 있는 존재예요

이런 것을 인연이라고 한답니다

돌이킬 수 없는 관계

그대와 나의 관계는
여러 가지 우여곡절을 겪으며
거의 십 년간에 걸쳐
인연이 이루어져
오늘에 이르렀어요

그렇지만 그동안 우리들은
딱 한 번 얼굴을 마주친 것이
전부였어요

지금까지 많은 이야기를 뿌리며
이렇게 다가왔지만
심리적으로는 더 이상 갈 수 없는
마지막 지점에 당도한 것 같아요

돌이킬 수 없는 관계란
이런 것이 아닐까요

서로에 대한
작은 불만족이 있더라도
받아들이고 감수해야만 해요

우리들은 이제
돌이킬 수 없는 관계입니다

후기

오래전 내 집에 괴한 세 명이 침입하여
시의 일부를 훔쳐 간 듯하네요
그 시는 별다른 역할도 못 하고 있습니다
시를 돌려주시기를 바랍니다
내 자식들을 데려오고 싶네요

석양 무렵

초판 1쇄 2022년 5월 23일

지은이 서청영원
발행인 김재홍
교정/교열 김혜린
마케팅 이연실
디자인 현유주

발행처 도서출판지식공감
브랜드 문학공감
등록번호 제2019-000164호
주소 서울특별시 영등포구 경인로82길 3-4 센터플러스 1117호{문래동1가}
전화 02-3141-2700
팩스 02-322-3089
홈페이지 www.bookdaum.com
이메일 bookon@daum.net

가격 10,000원
ISBN 979-11-5622-116-6 03810

문학공감은 도서출판 지식공감의 인문교양 단행본 브랜드입니다.